Lucas et les Krapouillos

© Oskar éditeur, 2012
21 av. de La Motte-Picquet
75007 Paris – France
Tél. : +33 (0)1 47 05 58 92 / Fax : +33 (0)1 44 18 06 41
E-mail : oskar@oskarediteur.com
site internet : www.oskarediteur.com

Auteur : Béatrice Égémar
Illustrations de Marc Goubier
Direction éditoriale : Françoise Hessel
Maquette : Xavier Crauffon

Texte déjà publié chez Fleurus presse dans «Je lis déjà»

Dépôt légal : janvier 2012
Imprimé en Europe
ISBN : 978-2-3500-0846-2
Conforme à la loi n°49-956 du 16 juillet 1949 sur les publications destinées à la jeunesse.

PREMIÈRES LECTURES

Béatrice Égémar

Lucas et les Krapouillos

illustrations de **Marc Goubier**

oskar éditeur

Les personnages

Lucas

Arthur

Körneglou

Körnemuz

Chapitre 1

La folie des Krapouillos

Dans mon école, c'est la folie des Krapouillos. Ce sont des cartes qu'on achète au bureau de tabac. On les échange avec des copains, pour avoir toute la collection.

Les personnages ont des noms qui commencent par K : le lutin Korentin, le monstre Kornichon... Tout le monde a des cartes. Sauf moi ! Maman ne veut pas m'en acheter. Ça ne m'aide pas à me faire des amis !

Pendant la récréation, tous les enfants jouent aux cartes, et moi, je reste seul près du platane. Ça ne me dérange pas trop : j'aime bien rêver et là, je suis tranquille. Mais Arthur vient encore me narguer :

– Hé ! Lucas ! Tu en fais une tête. On dirait que tu t'embêtes…

Très drôle…

Heureusement, la cloche sonne :
la récréation est finie. En traversant
la cour, je vois quelque chose par terre…
C'est un paquet de cartes, tout neuf !
Je le glisse dans ma poche, et je regagne
ma classe, le cœur battant…

Körneglou le lutin farceur

De retour à la maison, je me dépêche d'ouvrir mon paquet. Dedans, il y a cinq cartes :

Krötmol le monstre,
Kornaline la fée,
Karaboss la sorcière,
Körnemuz et Körneglou, les lutins.

Je prends la carte de Körneglou
pour connaître ses « points de vie ».
Tiens ! On dirait que quelque chose
a bougé, comme si le lutin cherchait
à se détacher... Je me frotte les yeux,
stupéfait, et Körneglou en profite pour
se décoller et sauter sur le plancher !

Incroyable ! Il y a un lutin dans ma chambre. Il escalade mon bureau, attrape un feutre et le jette par terre ! Puis il fait pareil avec ma gomme, un stylo, un crayon...

– Körneglou ! Arrête...

Un quart d'heure après, ma chambre est dans un état épouvantable.
Et en ramassant mes affaires, je retrouve la carte du lutin. Je lis :

Körneglou
Catégorie : Lutin farceur
Attaque : Désordre !

Chapitre 3

Körneglou se déchaîne

Ce n'est pas drôle d'avoir un lutin farceur en liberté. Je dois faire quelque chose ! Je prends des petits jouets et je les pose à côté de la carte vide. Puis je fais semblant de lire...

Körneglou s'approche ; il attrape une bille. Sans le faire exprès, il met un pied sur sa carte et là… victoire ! Il se transforme à nouveau en image. Je bondis pour attraper la carte et je la cache au fond de mon cartable. Sauvé !

Le lendemain, Arthur recommence à me narguer :

– Tu veux jouer, minus ? Tu n'as pas une seule carte Krapouillos…

Cette fois, il va trop loin. Je réponds :

– Si, justement, j'en ai une. Je veux bien te la montrer. Mais fais attention : elle a des pouvoirs super-puissants !

– Ah bon ? Fais voir !

J'ouvre l'enveloppe, et Arthur attrape ma carte en disant :

– Merci pour le cadeau !

S'il savait...

En classe, Körneglou se déchaîne :
BOUM !
Les cahiers d'Arthur tombent par terre.

– Qui a fait ça ? dit la maîtresse.

– Ce n'est pas moi… dit Arthur, stupéfait. Je n'ai rien fait !

Pendant qu'Arthur ramasse ses affaires, le lutin saute sur le bureau de Victor :

– Aïe ! crie Léa. Victor m'a lancé un taille-crayon sur la tête !

Chapitre 4

Panique dans la classe

– Hé ! dit Victor. Il y a un lutin sur mon bureau !

– C'est une araignée ! Au secours !

Quelle panique ! J'en profite pour récupérer la carte de Körneglou. Le lutin est sagement revenu à sa place ; il me fait un clin d'œil…

Chapitre 5

Épilogue

Je crois que Körneglou n'est pas très heureux sur sa carte ; il a besoin de liberté. Je suis allé dans la forêt et j'ai posé sa carte sous un champignon.

Il est parti en me faisant
un signe de la main…
J'ai toujours les autres cartes.

Il me semble que Körnemuz
a commencé à bouger. Son attaque favorite,
c'est « pipi au lit » ! Arthur a intérêt
à bien se tenir…

FIN

Voici tous les mots en couleur dans l'histoire,
qui te sont expliqués.
En les apprenant, tu vas être incollable en vocabulaire !

Un bureau de tabac :

magasin dans lequel on a l'habitude d'acheter des cigarettes, mais aussi des timbres ou des bonbons.

Le cœur battant :

Avec une émotion intense.

Se déchaîner :

signifie s'exciter, s'énerver.

Épouvantable :

affreux, terrible.

Minus :

terme familier pour désigner quelqu'un de faible, d'incapable.

Narguer :

se moquer.

Un platane :

très grand arbre au feuillage épais que l'on trouve souvent au bord des routes.

Sommaire

Béatrice Égémar

est née en 1961 et vit en Touraine. Elle est titulaire d'une maîtrise de droit et elle a travaillé comme juriste plusieurs années. Lorsque son quatrième enfant rentre à l'école, elle décide de se mettre à écrire « sérieusement ». Béatrice Egémar écrit des romans, des textes loufoques, des comptines et des textes pour la presse.

Marc Goubier

Né en 1964, Marc Goubier commence à dessiner des B.D. dès l'école primaire. L'engouement autour de ses dessins ne dure que le temps d'une récréation mais pour le petit garçon c'est le début d'une belle carrière. Ainsi, à l'âge de 19 ans, il intègre l'école des Beaux-Arts de Toulouse et en 1990, tout juste diplômé, il devient graphiste et illustrateur indépendant. Il travaille dans un premier temps pour la publicité avant de se consacrer à l'illustration de livres tout en rêvant de chevaux. Passionné par la littérature jeunesse, il illustre des contes, des romans, des jeux et des ouvrages pédagogiques pour Hatier, Fleurus, Milan ou encore Nathan.

Chez le même éditeur, dans la même collection

L'oncle américain d'Achille Pellisson
Texte : **Didier Lévy** / Illustrations : **Blexbolex**
ISBN : 978-2-3500-0386-3

Le livre de Rattana
Texte : **Jeanne Failevic** / Illustrations : **Marcelino Truong**
ISBN : 978-2-3500-0385-6

Le loup qui voulait apprendre à lire
Texte : **Geneviève Noël** / Illustrations : **Serge Ceccarelli**
ISBN : 978–2–3500–0427-3

Au lit, Gaspard !
Texte : **Gudule** / Illustrations : **Frédéric Joos**
ISBN : 978–2–3500–0426-6

Un amour de sorcière
Texte : **Mymi Doinet** / Illustrations : **Julien Rosa**
ISBN : 978–2–3500–0491-4

N°10 le pirate
Texte : **Yves Pinguilly** / Illustrations : **Estelle Euvremer**
ISBN : 978-2-3500-0492-1

La sorcière ne sait pas lire
Texte : **Agnès Bertron-Martin** / Illustrations : **Serge Ceccarelli**
ISBN : 978-2-3500-0507-2

Non, non et non
Texte : **César Fernández García** / Illustrations : **Jordi Sales**
ISBN : 978-2-3500-0495-2

Les trois vœux

Texte : **Ricardo Alcántara** / Illustrations : **Montse Tobella**

ISBN : 978-2-3500-0496-9

Le baiser de la princesse

Texte : **Fernando Almena** / Illustrations : **Ulrike Müller**

ISBN : 978-2-3500-0561-4

Monstre, vas-tu me manger ?

Texte : **Purificación Menaya** / Illustrations : **Petra Steinmeyer**

ISBN : 978-2-3500-0562-1

Le chemin le plus court

Texte : **Sergio Lairla** / Illustrations : **Gabriela Rubio**

ISBN : 978-2-3500-0565-2

L'âne au crottin d'or

Texte : **Yves Pinguilly** / Illustrations : **Àfrica Fanlo**

ISBN : 978-2-3500-0563-8

La maison d'Arthur

Texte : **Carolina Tarrés** / Illustrations : **Xavier Salomó**

ISBN : 978-2-3500-0628-4

Hugo et la sorcière

Texte : **Christophe Miraucourt** / Illustrations : **Mérel**

ISBN : 978-2-3500-0686-4

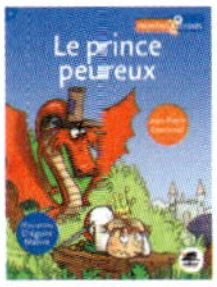

Le prince peureux

Texte : **Jean-Pierre Courivaud** / Illustrations : **Grégoire Mabire**

ISBN : 978-2-3500-0685-7

Chez le même éditeur, dans la même collection

Le crayon qui voulait voir la mer

Texte : **Éric Simard** / Illustrations : **Àfrica Fanlo**

ISBN : 978-2-3500-0753-3

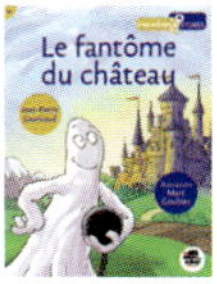

Le fantôme du château

Texte : **Jean-Pierre Courivaud** / Illustrations : **Marc Goubier**

ISBN : 978-2-3500-0792-2

Grégoire le froussard

Texte : **Nathalie Kuperman** / Illustrations : **Grégoire Mabire**

ISBN : 978-2-3500-0793-9